新装版

SOS! 公務員のための

やっかいなクレーム対応

自治体クレーム対応研究会[著]

JN226660

学陽書房

新装版はしがき

「一億総クレーム時代」──そんな声も上がる現代。いまや行政機関に対するクレームは部署を問わずどこにでも飛んでくるものであり、地方自治体に勤める職員共通の悩みです。

クレーマー自身はただ一人であっても、抗議や要求の内容が不当・理不尽で、対応側を大きく疲弊させる「カスタマーハラスメント（カスハラ）」の域に達するものも散見されるようになりました。

こうした状況に対して、法律や条例による対策も検討されるようになってきましたが、当面の間、現場の疲弊を劇的に解消するような進展はないでしょう。

本書は、そんな現状の解決策の1つとしてご活用いただけます。

依然として、クレームやカスハラに悩む読者の皆様が多いことから、5年前に刊行した内容を新装版として出すことにしました。

民間企業などを経て経験者採用枠で入庁した際、著者が本庁部門や市民利用施設で様々なクレーム処理を経験する中で痛感したのが、役所という組織は民間よりもとにかく業務が広いため、様々な場面で文句を言われやすいことでした。そしてもう1つ驚いたのが、行政職員がクレーマーにへりくだり続ける点でした。この点について、長年公務員を続けている諸先輩に聞くと、クレーム対応はとにかく誠実に、粘り強く対応することで乗り切るべしという伝統的な「精神論」があるからという答えが異口同音に返ってきました。

しかし、役所に対するクレームの状況は、近年大きく変化しています。ネットニュースやSNSを起点にした拡散・炎上により、官公庁の特定の部署の窓口や電話、メール等に対して多数・多方面から同時期に抗議が集中するという事象は、今や日常的に見られるようになりました。

そんな中、先ほど触れたような伝統的なクレーム対応手法に頼る
だけでは、変化する状況に対応しきれず、職員の心身が持たないの
ではないか…。行政の継続性が維持できないのではないか…。本書
は、そんな疑問が執筆の動機となっています。

　役所は、多くの市民に公平かつ効率的に行政サービスを提供しな
ければならない組織です。一方、クレーマーとは、いわば悪意を
持って役所の足を引っ張りに来る人です。そんな相手に、一定の限
度を超えても毅然とした対応を取らず、ズルズルと対応してしまう
ことは、むしろ健全な一般市民にとって迷惑なことではないでしょ
うか。

　私たちは「すべての来庁者・市民に誠実に対応しなければならな
い」という固定観念から脱し、常軌を逸したクレーマーには反論し
てもいい、電話を切ってもいい、そういう認識（武器）を持っても
よいのです。これまでの守勢一辺倒の対応だけでなく、攻め（追い
返す）を意識した戦術的な対応が、あなたのメンタルを守る最強の
防護壁になるでしょう。

　本書には、そういった、これまでのクレーマー対策の王道、定石
といったものから外れた、ある意味常識破りのことが書いてありま
す。クレーマーの悪質化が進む現代、そういう新しい考え方が必要
だと考えたからです。

　当然ですが、クレーマー対策に絶対の正解はありません。本書が
目指すのは、あくまでクレーマー対策のための選択肢（武器）を増
やすことにあります。

　ぜひともこれまでの固定観念にとらわれずに、そうか、そういう
方法もあるんだという新しい視点で本書をお読みいただき、クレー
マー問題の緩和・解決に向けた一助としていただければ幸いです。

2024年10月

著　者

新装版　SOS！　公務員のためのやっかいなクレーム対応◉目次

新装版はしがき …………………………………………………………… ii

第1章　これが知りたかった！実際の応対テクニック

❶ クレーマーを個室に案内すべきか ………………………… 2

❷「録音をしてはいけない」の思い込み ………………… 4

❸ 相手側による録音・公開は世の常識 …………………… 6

❹ 質問がきたら沈黙の時間をつくらない ……………… 8

❺ 相手の話を遮って自分が話してもよいのか …………… 10

❻ 電話対応を打ち切ることは許されるのか ……………… 12

❼ 話がそれたとき、ループしたときの対応法 ………… 14

❽ あえて中断させ、後日仕切り直す方法 …………… 16

❾ 出入り禁止にする決断のタイミング ………………… 18

第2章　クレーマーに立ち向かう職員のメンタルを守るテクニック

❶ 物腰は低くても、心の中は上から目線でいい ………… 22

❷ 傾聴はしても、同感してはいけない、共感する ……… 24

❸ クレーム対応は、スポーツの「ボールに触る」感覚で …… 26

iv

❹ 土下座には応じる必要はないし、してはいけない …… 28

❺ 相手と「言い合いをしてはいけない」のウソ ………… 30

❻ 電話クレームはラッキーと心得よ ……………………… 32

❼ 罵倒されていても気にする必要はない …………… 34

❽「まず謝る」ことの危険性を知る……………………… 36

第3章 クレーマーのタイプや真の目的を見抜く

❶ 正論の追求を求めてくる人 ………………………… 40

❷ 専門職、元エリートで議論を吹っかけてくる人 …… 42

❸ 便宜・対価供与を求めてくる人 …………………… 44

❹ 話し相手を求めている人 …………………………… 46

❺ 切れ所を狙って突然怒り出す人 …………………… 48

❻ 溜まっていた不満が爆発して突然怒り出す人………… 50

❼ 意思疎通・理解不可能な人 ………………………… 52

❽ 地域性を見て、相手を見て対応を変える ………… 54

❾ 公共施設のモンスター利用者によるトラブル………… 56

❿ 役所の所掌事務でないクレームへの対応 ………… 58

⓫ 不手際によるクレームを最小限にとどめる工夫 ……… 60

第4章 やっかいなクレーマーの この一言にはこう返す！

❶「お前じゃ話にならん、市長を出せ」…………………… 64

❷「このことは〇〇先生 (議員) に言うからな」………… 66

❸「税金を払っているんだ、それくらい当然だろう」…… 68

❹「この対応（録音、録画）をネットに晒してやる」…… 70

❺「税金泥棒、お前なんかクビだ」……………………… 72

❻「お前の誠意を見せろ」………………………………… 74

❼「ここですぐに詫び状を書け」………………………… 76

❽「こんな制度はおかしい」……………………………… 78

❾「公務員（役人）なのにそんなことも知らないのか」… 80

❿「（お金がかかる） ●●をすぐに実現しろ」………… 82

⓫ 自治体内の地域格差で文句を言われたら ……………… 84

⓬「隣の〇〇市は××なのになぜこの市は△△なんだ」…… 86

第5章 職員を守る！ チームで立ち向かう技術と方法

❶「クレーマーには複数人対応が原則」は正しいか ……… 90

❷ クレーム対象事象の張本人を長く前面に立たせない…… 92

❸ SOS の暗号を決めておく ………………………………… 94

❹ 他部署の案件でも必ずしもその部署に回すべきでは
ない ………………………………………………… 96

❺ 所管決めでもめている案件がきたとき ……………… 98

❻ 理不尽なクレーマーの愚痴を言うことも大事………… 100

❼ どんな小さいクレームでもメモで共有 ……………… 102

❽ 複数部署への連続・並行攻撃には、同じ態度で接す
べし ……………………………………………… 104

❾ クレーマーの事情を調べて対処策を考える ………… 106

❿ 客観性を生かした情報共有の考え方………………… 108

あとがきにかえて──役所への営業電話(業務妨害)の事例から考える… 111

第1章

これが知りたかった！
実際の応対テクニック

この章では、実際に来庁や電話で悪質なクレーマーと対峙したときに、業務上への影響を少しでも減らして切り抜けるためのテクニックを紹介します。

❶ クレーマーを個室に案内すべきか

◎個室のデメリットを知ろう

　窓口や執務スペースで、来庁者が大声で騒いでいるという状態になってしまったとき、それを長時間続けると他の来庁者や職員にとっては非常に居づらい、気まずい雰囲気が作られます。

　それを避けるため、周囲に悪影響を与えそうな状況になったら相手を別室に誘導すべきなのかは大変悩ましい問題です。

　これには正解がなく、最終的には個別の状況判断によりますが、あくまでオープンスペースの中で、他の来庁者や職員の窓口対応や移動、電話等の妨げにならないような位置への移動だけにとどめるのが上策です。

　なぜなら、別室へ移るデメリットが少なくないからです。当初は立ち話だったのなら疲れて「そろそろこの辺で」となる可能性もありますが、移動後着席となれば平気で1時間以上続きかねません。

◎衆人環視が安全装置になる

　クレーマーも周りの目が気にならないわけではないので、他の来庁者を含む周囲の目が届く場所にいれば一定の牽制にはなります。個室に移動すると、特別扱いされていると誤解を与える可能性も含めて、相手の気が大きくなる場合があり、事態収拾には逆効果になるおそれがあります。

　さらに、たとえドアを閉めていなくても、周囲の視界から隠れてしまう場所では暴力行為などの緊急時に周囲がフォローに入るタイミングが遅れやすいのもデメリットです。

個室への移動が逆効果を生むことも想定する

●周囲に人がいると

一応周囲の視線も牽制になる

●個室に案内すると

特別扱いされたと勘違いし
態度がより大きくなる場合も…

**対応の
ポイント**

- オープンスペースの中での対応が基本
- 個室への移動が絶対ダメというわけではなく、個別の状況判断による

❷ 「録音をしてはいけない」 の思い込み

◎全ての録音が悪いわけではない

　クレーマー対応をする際、やり取りの録音をすべきか迷ったならば、しておくべきです。民間のコールセンターで「この通話は録音しています」と最初に断りが入るのは、あくまでトラブル防止の自衛策ゆえです。自治体が独自のルールを定めているなら別ですが、相手の同意を得ずに会話を録音すること自体は「秘密録音」と言い、違法性はありません。

　もちろん、役所としては念のため相手の同意を取っておこうという気持ちもわからなくもありません。しかしクレーマーのような人は言質を取られることを嫌うので、相手の同意を得ようとすれば、多くの場合「違法だ」何だと入口で話が長くなるだけでなく、その後のやり取りがより険悪になる可能性もあります。今の時代、いかにもなICレコーダーではなく、スケジュールの予定を確認するためにスマホ操作をするようなふりをして録音すればよいのです。

◎使い方には十分配慮する

　ただ、同意を得ない録音は、使い方を誤るとプライバシー侵害などの問題を生じます。録音データはあくまでその相手とのやり取りを補完するメモ起こしや内部での検証に使うべきで、後で「実は録音が取ってあって」という話を相手にすることは本来許されません。

　実は相手も録音していて、本来の趣旨に合わない形で編集されたものが相手からバラ撒かれているなど、特段の事情がない限りは、こちら側の録音はなかったものとして扱わなければなりません。

4

迷ったときにはRECボタンを押す！

対応のポイント
- ●「同意なき録音は違法」は誤解
- ●「真実に近づく」「ふりかえり」「対応の向上」の観点から録音すべき場合もある
- ●録るときも、使うときも慎重に

❸ 相手側による録音・公開は 世の常識

◎録音されても怖気づかない

　今の時代、市民対応の一言一句は、電話、対面、メールのどれで あろうと相手側からいつ記録・公開されてもおかしくありません。

　大事なことは、今後仮にその対応記録（録音やメールの回答）が 相手方によって公開されてしまっても、それを聞いた（見た）誰も が「異常なクレーマー vs.冷静に対応する役所」という構図で捉え てくれるようなものであれば、役所に圧倒的な同情が集まるだけで す。そう考えれば録音されることをそう恐れることはありません。

◎録音対策「3つのＮＧ」

　なお、その観点からやってはいけないことをいくつか挙げます。

　まず、挑発に乗ってこちらも口調をエスカレートさせないことで す。売り言葉に買い言葉となってしまうと、相手を逆上させるだけ でなく、記録されていた場合はその部分を利用されかねません。

　2点目はNGワードを発しないことです。差別語、不快語など、 本質と離れたところで揚げ足を取られかねない言葉遣いは編集され て格好のネタにされます。

　3点目は、不用意な引用や例示、例え話などをして話を膨らませ ないことです。説明や説得のために類似する事案などを持ち出して 話をすることはよくありますが、引用の仕方ひとつ間違えただけで 揚げ足を取られかねませんし、話題が拡散して相手の話が長くなり かねないというデメリットもあります。

録音されているかも？ と用心するクセをつける

●対面のとき…

●電話のとき…

早く問題発言しろ！しろ！

対応のポイント
- 正しい対応をすれば世間は味方になる
- 録音対策は「常に冷静に」「言葉を選んで」「要旨だけ簡潔に」話すこと

第1章　これが知りたかった！　実際の応対テクニック……7

質問がきたら沈黙の時間をつくらない

◎言葉が出ないときのフレーズ

　さまざまなことを矢継ぎ早に言われ、質問されたりしたとき、手元に資料がなかったり、知らなかったり、あるいは気圧されて答えられないこともあるでしょう。

　しかしそんなときでも、相手がしゃべり続けてくれる場合ならともかく、こちらが問いかけられているのに答えず、反応が鈍く沈黙の時間が流れてしまうと、出来の悪い印象を与えてしまい相手の怒りが倍増するおそれもあります（録音されている場合の印象も悪い）。

　そのため、押し黙ってしまうことなく、なんらかの切り返しは行いましょう。

　たとえば、知らない（答えに自信がない）ことを問われた場合は、「確認しないと正確なお答えができない（不確かなお答えをするとかえってご迷惑になる）ので、調べたうえで後ほどお答えすることでよろしいでしょうか」と答えるのが王道です。

◎度忘れしたらこう答えよう

　相手の勢いに気圧されて度忘れしてしまったような場合も、考え込まず正直に「失念してしまい申し訳ありません」と答えましょう。

　「そんなことも知らないのか」「知らないやつは公務員失格だ」などと言われるかもしれませんが、そうした罵倒語への対応方法（72、80ページ）を参考にしてください。

問いかけられた以上、なんらかの言葉は返す

●沈黙は状況を不利にする

●まずは切り返す

対応のポイント
- ●知らないのに知ったかぶるのはリスク
- ●謝ることは、「聞くは一時の恥」と同じように考えよう

❺ 相手の話を遮って自分が話してもよいのか

◎これが切り返しのタイミングだ

　従来から、役所あての要望・クレームの電話や来庁への対応の要諦と言えば「とにかくに聞き役に徹しろ」、つまり相手が言いたいことを言い尽くすなり、疲れるまで話してもらい、その流れで対応を終了させる、というのが上策とされてきました。

　しかし、そうすると相手の気が済むまでということになりますので、長い時間を費やしたり、相手は主張が通った（次回までに●●を用意しろと頼んだ）と勝手に思い込むなどの弊害がでます。

　そのため、状況によっては、相手の話を遮ってでも自分が話して、当方の主張を相手に伝えなければならない（伝えたほうがよい）場面も存在します。たとえば、以下のような場合です。

- 同じ話を何度も繰り返す
- 受け入れられない要求をする（こちらがNOの返事をしなければ要求が通ったと先方が思い込むような状況）
- 対応者の業務とは関係ない話（雑談、他機関案件など）が続く

◎傾聴もバランスが大切

　行政はバランスが大事です。じっくり話を聞く姿勢も大切ですが業務効率も考えるべきです。話の内容と時間の経過（30分、1時間といった長さが目安）のバランスを見ながら、状況によっては、ある程度毅然とした対応を取っても許されるケースが存在すると割り切りましょう。

ビシッと話に割って入って流れを変える

対応のポイント
- 相手の話を遮ってでも言うべきことはある
- 積極的に話し始めるタイミングは、話の内容と時間の経過のバランスを見て考える

6 電話対応を打ち切ることは許されるのか

◎電話を切るときにはこのフレーズを使おう

　行政職員と話していると、「内容はどうあれ、かかってきた電話を相手の同意なくこちらから切ってはならない」という人がいます。理由を聞くと、「同意なく切るのは応対マナー違反であり、苦情になるし、切ってもまたかけてくるから」ということのようです。

　ただ、突き詰めて言えば、クレーマーとの長電話に付き合わされることは法的には刑法の「威力業務妨害」に該当しうる事案です。

　録音されている可能性を考え、丁重に、かつステップを踏んで、

　「趣旨は伺ったので、あと●分程度を目安にしてよいですか」

　「そのお話は先ほども承りました。別のお話がございましたら」

　「当職で承れるご要望（ご意見）は一通りお預かりしました。この後別の公務がございますので、お電話はこのあたりにさせていただきたいのですが」

　といったフレーズで電話の主導権を握るように努めてください。当方はあくまで丁寧な言葉遣いに終始し、それでも相手が怒って「ガチャ切り」する結果となっても有りです。

◎限度を超えた電話回数は法的措置の根拠になる

　相手方が納得しないうちに電話を切ると、すぐに再度の電話があるのではないかと恐れ、対応を打ち切ることを躊躇するのはよくありません。短期間に何度も入電を繰り返すような場合、クレームの異常性の根拠が集まり、法的措置も検討できると考えるべきです。

「言葉は丁寧、態度は毅然」で主導権を握る

対応のポイント
- こちらが丁寧な対応に努めた上で、相手に「ガチャ切り」されるのは有りと割り切る
- また電話が来るかもと恐れて相手のペースに乗ってはいけない

話がそれたとき、ループしたときの対応法

◎無限ループを打ち切る際の切り出し方

「その話のご趣旨は先ほど承りました」

そう言えたらどんなに楽か、誰しも思ったことはあるでしょう。まあ、たとえ勇気を出してそのとおり口に出したところで、同じ話を繰り返す人が「それは失礼」と、その話を止めてくれるとは限りません。たとえ止めたとしてもまた別のループ話が始まり、「その話もさきほど伺いましたが」のループになるだけだったりします。

それゆえ「それは聞きましたよ」という応答は、効果的なクレーム対応という観点からするとほとんど意味はありません。

したがって、おおむね一通りの主張（二転三転する世間話）が済み、いわゆるループ状態に入ったと認識できたら、こちらから主導的に「他の業務の予定があるので（嘘の出張や来客の予定を告げる）、あと●●分で終えたい」と期限を切るのが1つの方法と言えます。

◎話を十分聞いたというプロセスが大切

対応終了時間を持ち出したときに、相手が「市民の意見を聞くのを途中で打ち切るのか」と怒り出すかもしれませんが、大事なことは、一定の時間をかけてそれなりのことを聞くプロセスは経たという事実です。

それさえあれば、相手がこっそり録音していて出るところへ出られてもなんら恐れることはないのです。

「すでに○○分お話ししている」を武器にする

対応のポイント ●相手の主張が一巡したあとは、それなりの時間をかけて相手の話をしっかり聞いたと言えるところで終了を切り出してもよい

⑧ あえて中断させ、後日仕切り直す方法

◎仕切り直しを求める状況とは

　電話にせよ来庁にせよ、その場での対応をいったん打ち切り、当日または後日に出直し（電話のかけ直し・折り返し）する対応をこちらから提案すべきかどうかは、１つの判断です。

　後日にツケを残したくなく、その場で決着をつけてしまいたい気持ちもわかりますが、相手の主張の内容次第では調べごとが必要になることもあります。そもそも対面や電話で瞬間的かつ連続的に行わなければならない一職員の判断では結論を出しきれないこともままありますから、あえて仕切り直しを提案することもあっていいでしょう。

　しかし、明らかに無理筋なクレームについて、「いったん預かりますので後日連絡します」などと答えると、相手に無用な期待を抱かせ逆効果となりかねないものもあるので、仕切り直しを提案する場合にはその観点での見極めが必要です。

◎再来庁をお願いする際は経緯をしっかり伝える

　再来庁を提案する場合は相手に手間をかけさせることになるので、①主張（要望・要求）の概要は承った、②対応の可否の検討や過去の経緯の調査等に時間が必要、③この場で回答・結論は出せない、④したがって、後日改めて仕切り直しの機会をいただきたい、と丁重に説明することになります。

　電話を受けている場合も基本的には同様です。

対応を中断させることで「文殊の知恵」が出ることも

●仕切り直しを提案

●次の面会(電話)までにできること

調べごと

作戦会議

積極的に仕切り直しを提案すべきケースの例
- 相手の主張やこちらからの説明が途中になっているが、時間が足りず場を改めたい
- クレーム等の状況・経緯を複数の職員で整理し、対応方針を検討する時間をとりたい
- ただし、明らかに対応不可な要求は後日に引き延ばしてはいけない

対応のポイント

⑨ 出入り禁止にする決断のタイミング

◎事なかれ主義から脱却するために

　同じ案件で何度も来訪（電話）があり、職員に対する業務妨害や他の市民への迷惑が明らかな水準に達した場合、顧問弁護士や警察にも相談の上、出入り禁止とする判断が必要になります。

　ただ、一般的にこの手の判断に際してはどうしても事なかれ主義に陥りやすいものです。その理由は、法的には説明できても、そこまでやる必要はあったのかと世間から言われたり、それこそ相手方が出るところ（司法手続き等）に出てしまうことを恐れ、それならば行政が我慢すればよい、と考えてしまうためです。

　そうした思考から脱却するためにも、出入り禁止の決断に向けた基準を、法的に問題がないことは当然として、仮にマスメディアやネット上で騒ぎになっても「ここまでいったら仕方がないね」と社会が行政に味方してくれる（理解してもらえる）ように作り込むことが必要です。

　注意しなければならないのは、その基準はある程度単純なものにすることです。そうでないと内部的にも外部からも理解してもらえず、運用しづらいものになってしまいます。

◎スポーツのルールが参考になる

　たとえば、サッカーならイエローカード2枚で退場、野球ならスリーアウトで攻守交代、柔道なら3回の指導が累積すると反則負けとなります。

とにかく記録を残す！　それがいずれ役に立つ

● 回数や時間を記録

後日

● いよいよ出入り禁止を通告

対応のポイント
- ポイントを積み重ねればゴールが見えてくる
- 職員の精神的負担軽減にもつながる

第1章　これが知りたかった！　実際の応対テクニック……19

このように、回数や頻度、時間の累積は客観的に説明しやすいので、こうしたスポーツの例を参考に、行政としては段階を踏んで誠意をもって対処したが、最低でも何回以上同じことが繰り返された、または悪化してきたという目安を決めてルール化するのがよいと考えられます。

　ただ、さすがに２回目でレッドカードというのはいきなりすぎて相手方に反論の余地がありそうですので、最短の場合でも３回以上の経過を経ることを目安にすべきと考えられます。

　たとえば、１回目であまりに常軌を逸したクレームや迷惑行為があった場合、２回目も同様なことがあったらその時点で相手に警告（次に○○なら出入り禁止の可能性があると通告）しつつ、３回目の来訪・電話に備えて専門家への相談など、準備を進めておくのです。

◎ルールの存在が職員の後ろ盾となる

　もちろん、専門家への相談の結果、３回目で確実に出入り禁止を通告できるとは限りません。しかし、このようにいざとなれば出入り禁止を通告できる準備を進めているということは、先の見えない戦いを続ける状況から脱しつつあるわけですから、クレーマーと対峙する職員の後ろ盾となり、精神的余裕につながることは間違いありません。

第2章

クレーマーに立ち向かう
職員のメンタルを守る
テクニック

悪質なクレーマーは相対する職員のことなど、考え
てはくれません。自己の顕示欲、虚栄心、プライド、尊
厳を中心に考え、言いたい放題に罵倒してきます。
そんな人に対して、こちらが無防備に向き合ってい
たらあっという間にメンタルを蝕まれてしまいます。
この章ではそれをどうやって防ぐかのテクニックを
紹介します。

① 物腰は低くても、心の中は 上から目線でいい

◎謝ってばかりでは心がもたない

　ある地方自治体のコールセンターを視察したことがあります。受託している民間企業のオペレーターは相手に罵倒され、とにかく「すみません」「すみません」と謝り倒しています。まさに感情労働ですが、これでは心身がもちません。

　実際、行政に限らず、民間も含めたコールセンターやヘルプデスクのスタッフは離職率が高いと言われますが、それでは困ります。

◎どう思うとそれはあなたの自由

　「心を鬼にして」という言葉はご存知でしょう。相手が憎いわけではなく、むしろ成長してほしいと思っているからこそ、心の中と態度が裏腹に、あえて厳しい態度で接することです。

　クレーム対応で必要なのは、その逆です。態度は丁重にしつつも、内心では「何言ってんだ、こいつ」「バカな奴」と感じていてもいいのです。それくらいしないと、心のバランスがとれませんから。

　ただ、そんな話をすると、「思っていることは顔に出る、態度に出る」から論外で、全ての来庁者には内心まで真摯に向き合わなければならないという声も出そうです。しかしそんな理想論がこれまでに何人の職員を潰してきてしまったのでしょうか。

　これからは、表面上は丁重に、でも「心では上から目線」も保ちつつ、職員自身の精神と尊厳を守ることも考えていく必要があるのです。

真に受けないことが最強のメンタル防御壁

対応のポイント
- 罵倒されても言い返せない以上、自分を守るために相手をこっそり蔑む
- 表面上はあくまでにこやかに
- 内心は「相手に対する上から目線（冷笑）」、表情は作り笑いで

② 傾聴はしても、同感してはいけない、共感する

◎同感が危険なわけ

　役所に不満をぶつけてくる相手への基本動作は、まず「傾聴」、すなわちきちんと相手の話を聞くことです。相手の主張を受け入れて課題が解決できるかどうかにかかわらず、聞いてあげる（聞いてもらえた）だけで、不満の一部または全部が和らいだり解消したりすることがあるからです。

　しかし重要なのはそのときの聞く側の姿勢です。カウンセリングの世界でも言われることですが、聞く際に「共感」はしても「同感」してはいけないとされており、これは役所の対応でも同様です。

　よく日常会話では人の話を聞いて「うん、同感同感」なんて言ったりしますが、同感とは、自分と相手の感情に一線を引かず、相手と同じ追体験をするように同じ感情を持つこと（言葉にすると「私もまったく同じ気持ちです」）です。

　しかし、友人との話はともかく、業務で向き合う相手の話に同感することは、相手の感情に巻き込まれ客観的な話ができなくなりやすい上、相手から「お前もそう思うのならなぜ××なんだ」と畳みかけられやすいという問題があります。

◎「あなたのお気持ちは理解できます」＝共感を心がける

　一方、共感している状態を相手に伝える言葉は「あなたのお気持ちは理解できます」です。クレーム等を受けた際は、まずいったんそのように受けとめた後に、説明や反論につなげることもできますので、基本は「共感」の姿勢で聞き始めるのがよいでしょう。

あくまで相手の気持ちを理解してあげることが大事

自分は手足を
水につけることなく
岸で見ながら川で洗濯する
気持ちになって
冷たく大変だとの思いを持つ

川に足をつけて
手を使って洗濯
をしているおばあさん
(桃太郎のイメージ)

自分も同じことをして
ああ冷たくて大変だと
同じ思いを持つ

共感

客観性が確保される

同感

相手と気持ちが
一体化してしまい
気持ちが巻き込まれる

同感と共感の違い

●川に入って洗濯物を洗っている人に対して、「冷たくて大変ですね」という気持ちになるとき、自分も実際に川に入って冷たいと感じて発するのが「同感」、川には入らず横から見て同じ気持ちを感じるのが「共感」という違いを理解して行動

❸ クレーム対応は、スポーツの「ボールに触る」感覚で

◎クレーム対応への気の持ちようを変える

　「クレーム対応は大変だ。やらないに越したことはない」という意見を持つ人がいます。確かに、不満のご意見ゼロというのはすばらしいことかもしれません。しかし、行政の仕事をしていれば、全くゼロということは現実的ではなく、いくつかはあるもの。

　であるならば、日ごろからある程度のクレーム対応には接していて慣れておいたほうがいい、という考え方もありえます。

　つまり、クレーム対応が発生したときに、「クレームが来ちゃったよ、ああ嫌だな」と捉えるのではなく、「クレーム対応への感覚がナマってしまわないように、日ごろから何か月かに１度はクレーム対応に触れて、慣れておかないとな」という感覚でいることによって、少しでも前向きにクレーム対応と向き合えるようにすることが、職員のメンタルを守るためには必要です。もちろん、応対するクレームの程度にもよりますが。

◎慣れてしまえば体が勝手に動く

　変なたとえですが、クレーム対応とは、職場でソフトボールをするときの守備機会のようなものです。

　苦手な人にとっては、試合中に自分のところへボールは飛んでこないでほしい、と思ったりします。本当に守備機会ゼロで終わればいいですが、そうでないならば、ある程度守備機会がないと慣れないし、いざというときに体が動かず困ってしまいます。ここで言いたいのはそういう話です。

実地のクレーム対応は格好の対人技能維持トレーニング

●電話対応

■クレーム対応に慣れていない場合　　■クレーム対応に慣れている場合

おう、またか…ちょっと肩慣らしだな…

●対面対応

この前のに比べれば楽だな…

対応のポイント

● 「クレーム対応、嫌だな」と考えるよりも、「いつもの肩慣らし、一丁やったるか」と考えたほうが気楽だし、いざというときに頭も体も動きやすい

第2章　クレーマーに立ち向かう職員のメンタルを守るテクニック……27

土下座には応じる必要はないし、してはいけない

◎あなたは悪くない

　相手の主張が全く理不尽なクレームであろうと、あるいは相手の言い分もある程度理解できる要望・主張の類であるかに関わらず、相手が土下座による謝罪を要求してきた場合、職員は応じる必要はあるのでしょうか。

　結論から言えば、全くありません。私生活上の行動に伴ういざこざで事態収拾（謝罪）のため、私生活のなかで土下座するというのならともかく、役所に対するクレームの対象は、あくまで行政としての活動に対するものです。クレームに対応している職員自身の言動でない（ほかの職員や、組織的な活動の結果である）ことが多く、仮に自分の言動に起因するものであったとしても、あくまで職務上の行動が対象です。そんななかで、事態処理の選択肢として、土下座は適切なものではありません。

◎一時の対応が相手を増長させることもある

　相手が「土下座しろ、そうしたら許してやる」とまで言っているなら、そうしたほうがその場は早く収拾できる、という判断が働くかもしれません。実際、心は上から目線、の立場に徹すれば土下座なんて安いもんよ、という気持ちにもなるのですが、それでも好ましくない理由は、相手に征服感を与え、増長させかねない（「土下座までしたんだから、言うことを聞け」と要求がエスカレートしかねない）からです。

万が一の事態になっても結局は役を演じるだけ

土下座すると人格の尊厳を損なうと考える人もいるかもしれませんが、俳優のように"役を演じきる"と考えればプライドは傷つきません。
が、だからといってやっていい訳ではありません。

対応のポイント
- 土下座なんて安いもんよ、くらいの心持ちは大事
- しかし、土下座をするとデメリットもあるのでしてはいけない

❺ 相手と「言い合いをしてはいけない」のウソ

◎ときには反論する勇気を持とう

　来庁者や電話をかけてきた相手への対応としてこれまで王道・常識だったのは、とにかく聞くに徹すること、こちらからしゃべるのは必要最小限の内容を冷静に。どんなに相手が強硬で、理不尽であろうと絶対に言い返してはならない、言い合いになってはならない、とされています。

　しかし、本当に言い合いをしてはいけないのでしょうか。そんなことはありません。ある条件下では、言い合いが起きても仕方がなく、むしろやってもよいことすらあります。

　それは、「できません」「違います」と言わなければならない場面です。対応を早く終えたいがゆえに、不用意に「検討します」「上司に相談します」など、のらりくらりとやってしまうと相手に押し込まれるだけです。

◎断ることになんら問題はない

　そしてのらりくらりとやったあとに待っているのは、相手の期待値を高め、いずれ断らなければならなくなった場合の負荷が大きくなるという結末です。だからこそ、いわゆるごり押し系の明らかに不当な主張・要求で、上司に相談するまでもなく拒絶すべきものは、相手を牽制する意味で、たとえ言い合いになろうともその場で毅然と断ってしまって問題ないのです。

予想外の反論が相手をたじろがせることもある

●ひたすら傾聴の場合

こちらが聞くに徹していると、相手はある意味気持ちよく自分のペースで話し続けてしまうことがある

●ときには言い返す・断る

こちらが必要に応じて言い返すと相手は調子をくじかれてこちらがペースをつかめることもある

対応のポイント
- 毅然と対応しないと押し込まれてかえって困る場合がある
- 上司に相談するまでもない不当要求ならなおさらその場で毅然と対応すべし

第2章 クレーマーに立ち向かう職員のメンタルを守るテクニック……31

⑥ 電話クレームはラッキーと心得よ

◎こちらの態度までは伝わらない

　電話では顔色が相手に見えません。あまりに理不尽なことを言われたとき、心が上から目線であれば、「あーあ、この人ホントに残念な人だなぁ」と失笑することになります。もし対面ならそれを態度に出せませんが、電話ならそれができます。

◎いざとなれば自分から切ることもできる

　また、目の前に来庁された場合は、気が済んで帰ってくれない限り、こちらからストレートに「帰ってください」とは言いづらいですが、電話の場合、相手の顔が見えない分、こちらの都合で電話を切らせてほしいという話も多少は切り出しやすいです。

　それこそ、12ページで紹介したような一連のプロセスを経れば、相手が怒って納得していないままでもこちらから電話を終了してしまうことすらできます。

　急いでいる仕事があるときや昼休みにかかる時間に長電話に巻き込まれるのはうんざりするものですが、来庁されるよりはマシというプラス思考で乗り切りましょう。

電話なら冷静にチェックリストも書き込める

対応のポイント
- 電話は相手の顔が見えない分、気楽
- 一連のプロセスを経れば電話の強制終了という手もある

⑦ 罵倒されていても気にする必要はない

◎大変だよなと、みな同情してくれる

　現代では、みんなに見えるようなところで上司が部下を激しく怒ることは「見せしめ」「さらしもの」としてパワハラ扱いされることもあります。では、職員が役所のオープンスペースで来庁者に罵倒されている場合、他の職員、他の来庁者の目にはどう映るでしょうか。

　率直に言えば、他の職員は「ああまたやってるよ、お疲れ様」、まっとうな他の来庁者は「何かあったのかな、あの切れ方はよほど何かあったのかな、（職員は）かわいそうだな」くらいの気持ちでしょう。

◎堂々と防波堤の役目を果たす

　そのシチュエーションが異様（罵倒度合いがひどい）であればあるほど、周りの人は心の中では同情してくれています。職員同士、気持ちとしては助けに入りたいと思っているものの、不用意に助けに入ると巻き込まれる人が増えて結局業務効率が悪化するだけなので、簡単には動けないのです。

　なので、あえて無視せざるをえないことは、お互いにわかっています。そもそも理不尽なクレーマーからの罵倒は、いわば自分の過失ゼロの「もらい事故」のようなものですし、さらしものであると感じて恥じる必要は全くありません。

| そのときあなたは職場のヒーローになる！ |

対応の ポイント
- 無言の応援・同情を背に受けて、立ち向かおう
- 理不尽な罵倒は当方過失ゼロの「もらい事故」と考えよ

⑧ 「まず謝る」ことの危険性を知る

◎謝れば謝るほど解決が難しくなる場合も

　とりあえず怒っている相手を鎮めるために謝っておこうという対応は、役所でなくても反射的に行われています。速やかに謝ること自体は悪いとは限らないのですが、クレーマーの度が上がるほど、些細なことにも腹を立てており、それが積み重なります。その主張の全てに、こちらに非があるのかと言えばそうでもありません。

　向こうの主張を全て受け入れてしまえば、今後の業務遂行における作業効率の低下だけでなく、緊張感の上昇によりスタッフのメンタル面でも悪影響が出ます。それゆえ、緊迫した状況下で何を対象に謝るか、その範囲が大事になります。

◎「何について謝るのか」を常に意識する

　そもそもクレームとは、説明の仕方が悪い、態度が悪いといった接遇への不満と、制度内容がおかしいといった中身への不満の2種類から成り立っており、注意しなければならないのは相手のクレームが両方にまたがっている場合です。相手の主張や事実確認が不十分な段階で、広範囲に受け取られるような表現でとりあえず謝ってしまうと、悪くないことや、反論しなければならない内容まで非を認めたように誤解され、一層解決が困難になります。

　悪くないことまで不用意に謝りすぎないことこそ、誠実な対応だというスタンスを貫き、基本、謝るのは相手の主張を確認しながら「○○については、お詫びいたします」の積み上げでいきましょう。

謝れば済むという思い込みが事態を悪化させる

相手の主張の中には謝らなくてよいことが
含まれていることがある。
すべてに対してとりあえず謝ってしまうのは下策

- 謝らなくていいことまで謝ってしまわないように注意する
- 相手が何に怒っているのかを冷静に見極めるようにする

第3章

クレーマーのタイプや
真の目的を見抜く

クレーマーにもいろいろなタイプがいます。この章ではその例をいくつか紹介しますが、ある人が、このうちどれか1つに分類できるとは限らず、むしろ複数の特徴を併せ持ったりしている場合もあるので注意が必要です。

大事なことは、相手の言動から、おおよそのタイプ及び真意を見極めて適切な対応を探っていくことです。

❶ 正論の追求を求めてくる人

◎「議論によるマウンティング」の無限ループ

　マウンティングという言葉が一般化しつつありますが、その表現を利用して言えば、「議論によるマウンティング」ですね。議論の正しさ、勝ち負けで相手より優位に立ち、満足しようとする感覚を持っている人です。

　とはいえ、世の中は建前や筋の通ったことばかりで回っているとは限りません。本音で語り合って「確かにそういう部分はある程度仕方がないね」と落としどころを見つけられればいいのですが、このような人は正論で迫ってきて妥協点を見出しにくく、誤解を恐れずに言えば「厄介」なタイプです。

◎答えのカギは「できないものはできない」

　ではどうしたらよいのでしょうか。こういう人には、正論で戦って勝とうとする必要はありません。まずご主張を真摯に、貴重な意見として受けとめるという基本姿勢は他の人への対応と同じです。そして仮にどんなに道理にかなった主張を投げかけられたとしても諸般の事情により対応が困難なものは、そのことを毅然と説明していくというスタンスを貫くだけです（たとえば、議論が平行線であればそれを認めた上で相手にも理解してもらうよう努める）。

　なお、一見正論を振りかざしても、最終目的は「自分にだけこっそり便宜を図れ」というオチだったりすることもありますので、相手の真意の見極めは大事です。

議論の裏に要望が見え隠れする場合もある

●オモテの顔

●ときには裏の顔があることも

対応の ポイント
- 正論で勝敗をつける必要はなく、平行線のままであってもよい
- 相手の真意を見極めることが大事

専門職、元エリートで議論を吹っかけてくる人

◎反論がかえって話を長くする

さきほどの正論追求型と重なっていることが多いです。この手の人は、自分の経験を根拠とした自信に裏打ちされて畳みかけてくることが多いです。

ただ、このタイプの人が持ち出す話は、目の前の問題解決につながるとは限らないので、ご高説の大部分は聞いていてうんざりすることも多いでしょう。主訴に関係ない昔話については、話半分で聞いていればよいです。

注意したいのは、そのご高説についてはくれぐれも、質問や反論をしないこと。「私は××という事例を知っている」と言われて「本当かよ？」と思っても、それがあなたの勤務自治体マターであれば別ですが、あまり突っ込まず、後で調べるくらいの対応がおすすめです。

◎「不勉強で申し訳ありません」の一言

もう１つ注意しなければならないのは、俺は知っている、としてご高説を垂れるわりに、事実に反することを言っているケースもあることです。事実に反することを信じ込まされたり、同意の言質を取られるおそれもあります。あるいはこちらの知識を試すためにわざとウソを言ってカマをかけてくる人もいなくはありません。

聞くは一時の恥。わからないことはわからないで、「不勉強で申し訳ありません」の一言が言えればいいのです。そして後できっちり裏を取ることも忘れないことです。

細かい事実確認は時間と労力の無駄と割り切る

対応のポイント
- 相手のご高説にはいちいち突っ込まない
- 不確かな話に同意したり言質を取られたりしないように注意する

❸ 便宜・対価供与を求めてくる人

◎改善の種になるものもある

　クレーマーがさんざん文句を言った挙句、最後に出てくることが多い話が、問題解決（不満解消）のためになんらかの便宜を図ってほしいという要求です。

　ただ、この手の要求が難しいのは、全部が全部悪い要求とは限らない場合があることです。今までは行っていなかったが今回の件を機に改善し、新たに対応を始め（改め）てもよいものも、ごくまれにあったりします。激しい態度での要求だから全て断るべし、とは限らないのです。

　そうなると難しいのが、こうした要求を受け入れるかどうかの判断基準です。１つ挙げるならば、「今回その人に行った対応（改善）を、本人が周囲に言いふらしたとして、後日他の人が次々に同じことを求めてきても等しく対応できるか、役所として困らないか」という点です。

◎今回だけの便宜が相手に自信を与える

　絶対にやってはいけないのが、「今回あなたにだけ特別に対応するので、このことは決して口外しないでください」と言って、こっそり便宜を図ってしまうことです。そんな口止めに意味はありませんし、強く出れば特別の対応をしてもらえるというクレームの成功体験を相手に与えることになります。今後も繰り返すもとになるので、この対応は論外です。

1 人への特別な対応が騒動に繋がることもある

④ 話し相手を求めている人

◎傾聴が大切とはいえ時間は有限

　ある日突然役所に飛び込んできた来庁者や、電話をかけてきた相手の話をクレームかと思って聞いていると、その実態は身の回りの愚痴や社会情勢に対する批判であり、さらには悩み相談の様相を呈してくることもあります。こうした人たちには家族や近所、友人などに話し相手がいないことも多く、口調は厳しくても職員に話を聞いてほしいというのが本音だったりするのです。

　行政職員としては、困っている市民の声に耳を傾け、相談に乗ってあげることは、確かに望まれる姿ではあります。ただ、対応する職員の時間は無限ではありません。

　このような場合、じっくりと話を聞いてあげることで感謝され、退去（電話の終了）で対応を完了させるのがセオリーとされます。しかし、話を聞いてもらうことに相手がカタルシスを感じ、ある種のクセになって1か月に何度も同じ部署を訪れ、あるいは電話がかかり同じ話を繰り返されるようになると、役所側としては困ります。

◎市民相談部門などへ紹介することもある

　特に、市民相談を本務としてはいない部署に「粘着」されるレベルになってしまっているのであれば、自部署で対応すべきクレーム（自部署が所管する案件）と、それ以外の「よもやま話」や「身の上話」を区別し、後者については一般的な市民相談部門や、親族や地域などから孤立した住民を支援している社会福祉部門に紹介していくことも選択肢として考えられます。

傾聴すべきは「相談」であり「雑談」ではない

●今日

あのさぁ〜

ニコニコしながら
明るく対応する
女性職員

●ほぼ毎日・・・

親戚・近所
から孤立

また来たよ〜

**対応の
ポイント**

●所属部署と関係ない話ばかり二転三転するようなときは、市民相談を専門とする部署に引き継ぐべき

❺ 切れ所を狙って突然怒り出す人

◎巧みな質問で仕掛けてくる

　窓口や電話でやり取りしているとき、最初は冷静（丁重）だったのに、途中から少しずつ（あるいは突然）怒り出す人がいます。

　これにはいくつかパターンがあり、対処方法も異なります。

　1つは、役所に付け込むため、ミスを誘うような罠をわざと仕掛け、いざ不手際があれば鬼の首を取ったように「切れ（怒り）所」を探している正真正銘のクレーマーです。

　こういう策士は役所に対する質問や依頼の流れが不自然なので（あることを頼んでおきながら、混乱させるかのように撤回して別のことを頼んでくるとか、不自然に細かい質問攻めをしてくるなど）、怪しいぞと感づいたら身構えて慎重に対応していく必要があります。

◎個別のミスには謝罪

　もちろん、頼み方が不自然だからといって全てがクレーマーであるとは限りません。相手が誰であろうとまずはミスをしないように注意し、それでもしてしまったらそれは局所的に謝ります。そして見返り要求が出てきたときは毅然と対応する、それだけのことです。

不自然な依頼の嵐には慎重な対応を

第３章　クレーマーのタイプや真の目的を見抜く……49

⑥ 溜まっていた不満が爆発して突然怒り出す人

◎怒りの原因は根深い

　待たせた、たらい回しにした、こちらの話が二転三転したなど、市民から見て役所側の対応の的確性や誠実性を疑わせる不快な事象が積み上げられて「堪忍袋の緒が切れた」ケースも起こります。

　同じ目に遭えば立場が逆でもムッとしますので、怒られても仕方がない面はありますが、原因の全てが今この窓口や電話口で起きたわけではなく、過去に別の部署、他の官公庁や会社、地域で積み重なってきた出来事が原因で、溜まっていた鬱憤が今爆発しただけという場合もあります。

◎謝罪する場合は条件付きで

　過去の鬱積を含めて今ここで突然切れられたこちらもいいトバッチリですが、相手をなだめるために自分が直接対応していない過去の他部署の言動についてまで謝るべきかは議論が分かれるところで、厳密に言えば必要はないかもしれません。ただ、同じ役所であり、相手の怒りを受けとめてワンストップで謝ったほうが事態の収拾につながると思われる場合は、「ご指摘が事実であれば、ご不快な思いをさせてしまったようですので、担当部署に代わって謝ります」という条件付きの返し方をします。

　当該部署に事実確認していないのに勝手に謝ると相手がウソを言っていた場合に面倒なことになるため、あくまで例外的対応と考え、慎重に対応してください。

原因の全てをまとめて謝罪するのは例外と心得る

対応のポイント
- 今目の前で起きたこと以外に怒りや要求の原因がある人に、どこまで謝るかは難しい
- 事態収拾のために過去のことや別部署のことで謝るときは慎重に

⑦ 意思疎通・理解不可能な人

◎主訴も見えず、意思疎通もできないしんどさ

　クレーム対応においては、来庁者、電話口を問わず、職員が相手とどの程度コミュニケーションを取れるかが最大のポイントです。たとえ相手の主張が当方と平行線となり、納得してもらえないとしても相手の言っていることをこちらが理解でき、こちらが言ったことも相手に通じているならばまだマシです。

　困るのは、丁寧に相手の話の傾聴に努めているのに、話が二転三転し、相手がこちらに訴えたいこと（主訴）がよくわからないタイプの人です。あるいはこちらがどんなに丁寧に説明しても、意図が全く伝わらない人（こちらの意図に反論するわけでもないので、おそらくこちらの説明が相手に届いていない）がいます。

◎クレーム対応の域を超えた対応策もありえる

　役所には、様々な方がアクセスしてきます。決めつけはよくないのですが、実際問題として、役所の窓口や電話口で抗議等を行ってくる相手方が、なんらかの障害をお持ちで意思疎通に支障を抱えている方であることも十分考えられます。クレーム対応をするなかで、相手のコミュニケーション能力について、おそらく日々の社会生活にも支障がある水準ではないかと感じたら、主訴がわからないままでもいいので、それまでのやり取りの要点をまとめ、各地域の福祉部門につないでいくことも考えるべきです。

会話が不通な場合は専門部署への橋渡しを

●言葉のキャッチボールが困難

話が二転三転
意味不明

●対応を変える

そんなときは、一般的なコミュニケーション手法とは異なったアプローチが必要な場合も。
相手の様子を見ながら丁寧な対応を。
あるいは福祉部門に相談する。

対応のポイント

●相手のコミュニケーション能力からして社会生活に支障が生じている可能性が疑われる場合は、福祉部門へつないでいくことも考える

8 地域性を見て、相手を見て対応を変える

◎地域性によってクレームの傾向は変わる

　政令指定市や、平成の大合併によって生まれた広い市では、同じ市内であっても、行政区や旧自治体ごとに地域性があり、構成住民の物事の考え方の傾向が違い、それがクレームの量・質の差になって表れてくることがあります。

　ある政令指定市では、職員曰く、ホワイトカラーの高所得者層が多い地区と、ブルーカラーの中低所得者層が多い地区に分けられるそうです。前者では高学歴で社会的地位が高いため、おそらく善意からなのでしょうが、役所のここがおかしいとか、説明が不親切であるとかのお叱りを受けるケースが多い傾向があります。

　一方後者では、生活苦からくる行政や社会全体への不満がきっかけとなり窓口で厳しいクレームを入れてくるケースがあります。

◎施設の所在地と客層を把握する

　クレームは役所の窓口だけでなく、スポーツや文化関係の市民利用施設などでも発生しますが、各職員は、出先機関を含む役所や施設の所在地と、そこを訪れる客層（住民・利用者）の傾向を頭に入れて日々の仕事をすることが求められるのです。

同じ自治体でも住民の関心はこんなに違う

【ある市の例】

工場地帯

低所得の工場労働者が多く
福祉に関心が強い

下町的な商業地区

行政への要望が多い
ビジネスへの危機意識が高い

文教地区

中流～高所得者、高学歴者
といった頭の回転が速く
理屈・論争に強い人が多い

農村・山林地区

高齢者が多く
昔ながらの発想にこだわり
意見を曲げない傾向も

※上記はあくまで一例として対照的なイメージを表現したフィクションに過ぎません。

対応のポイント
- 所変わればクレームも変わる
- 異動等で施設・出先機関に行く際にはまずは客層を把握する

第3章　クレーマーのタイプや真の目的を見抜く……55

⑨ 公共施設のモンスター利用者によるトラブル

◎問題となる言動・行動を押さえ改善を促す

　役所の窓口で理不尽な要求をしてくるクレーマーと並んで、役所として対応に苦慮する事例としては、スポーツ施設や公民館などの市民利用施設でマナー等を守らないモンスター利用者がいます。こうした人が職員の目の届かないところで悪質な言動をとっている場合、現場で他の利用者から直接注意することは難しいため、なんとかしてほしいという要望が職員に入ってくることがあります。

　当然ですが、これはまずその現場を押さえなければなりません。その上で、その人の言動が周囲の迷惑になっていることを説明し、改善してもらうよう促します。しかし「気づきませんでした、以後注意します」という反応となるケースはまれで、むしろいわゆる「逆ギレ」される可能性もあるかもしれません。

◎問題行動を事実として記録する

　そのような場合、あくまで最初は丁重に対応するものの、ある程度のところで見切りを付けたらこちらも毅然とした対応に切り替えなければならないことは、役所の方針に文句を言ってくるクレーマー対応と同様です。

　公共施設の場合、いざというときに利用停止にできる規則を設けていることが多いですが（なければ策定を真剣に検討しましょう）、その内容を確認しつつ、相手の行動記録をとり、万全の手順を踏んで事を進めることが必要です。

特定のモンスター利用者には万全な対応を

●平時の対応

通常のクレーマー対応は、クレーマーの先制攻撃→職員は受身

●有事の対応

モンスター利用者への対応は、職員が初手を打って始まる（先制「攻撃」してはダメですけど）

逆ギレされても主導権はこちらで持ち続ける心構えが大事

対応のポイント

- マナーを守らない利用者がいたら、その現場を押さえることが大切
- 周囲の迷惑になっていることを伝え、改善してもらうようお願いする。改善の余地が見えなければ、毅然とした対応をとる

⑩ 役所の所掌事務でない クレームへの対応

◎役所は全能の神ではない

　近所の迷惑な住民をなんとかしてほしい、公園に集まる若者の行動が不快だなど、役所の所掌事務ではない要望やクレームが寄せられることがあります。

　『民事不介入』という言葉はご存知ですか。貸したお金が返ってこないといって「あいつを捕まえてくれ」と警察に言っても、相手にされません。当事者同士の問題だからです。なぜそういうことになっているかというと、当事者同士の問題に民事裁判以外で公権力が介入するのはやりすぎだからやってはいけない、という考え方があるからです。

◎できること、できないことを正直に説明する

　近所迷惑だという話も、犯罪になるほどの話でもなく、不快さの我慢の限度にも個人差があります。健康被害などの面で地域住民の安全な生活を脅かすほどの重大な問題になっているのならばともかく、役所が簡単にしゃしゃり出るようになっては権力の過剰行使となり、ギスギスした世の中になってしまいます。

　もちろん、相手方にそれを説明してもわかってもらえないでしょう。すると回答は次のようなものにならざるをえません。

　「○○が迷惑であり、なんとか排除してほしいというご要望のお気持ちについては受けとめました。しかし、○○の排除という問題について本市が行政として対応できる法的根拠を持たない現状で

は、市役所が××の行為（働きかけ）を行うことが相手方から越権行為と指摘される可能性がある以上、役所としても動きようがないのです。仕組みの不備については、国や地方の立法機関が考えていくことかと考えます」

 ひたすらこれで粘り、堂々巡りになったら最後は毅然とした対応に切り替えるしかないのです。

⓫ 不手際によるクレームを最小限にとどめる工夫

◎クレームと度を超えた要望との境界を見逃さない

　近年、役所の業務は複雑化・多様化の一途をたどっています。それゆえ特に人事異動の直後などは、市民に対して案内の間違い（たらい回し等を含む）などが生じてしまうことも避けられません。そんなとき、折悪く相手がクレーマーだったりすると、こちらに不手際があると見るや否や、鬼の首を取ったように先方がこちらを非難し、返す刀で便宜供与などを要求してくる人もたまにいます。

　ここで大事なことは、お詫びとして提供すべき（提供してよい）レベルのサービスと、度を超えた不当な便宜供与との線引きです。

◎お金にまつわるクレームへの心得

　たとえば、職員の案内が不適切だったために、手数料を要する手続きで相手が望んだものではない結果となってしまった場合、正しい手続きを行うために二重に手数料はいただかない、というのは当然ありえる結論です。

　一方、手続きに必要な持参物の不足があり出直してもらわなければならなくなった場合で、交通費や時給相当額を弁償しろなどと叫ばれた場合の処理が問題です。

　役所的に考えると、そもそもそんなお金を出せる予算は役所には存在していないので制度的に無理、という一択ですが、さすがにそう説明はできません。

　とにかく結論としては要求に応じられないことが揺らがない場合

は、まず不手際については真摯に謝罪を続けつつも、交通費などの支払い要求に対しては頑として応じられない、具体的には「それ（不手際と謝罪）とこれ（弁償要求）とは話が別ですので、後者のご要望については応じられません」と言い続けるしかないのです。

◎「無理なものは無理」と割り切る

　謝罪や実費弁償に相当するものをお金や現物、あるいは便宜供与で解決するということは、法的に言えば慰謝料や損害賠償ということになりますが、公用車の運転や公共工事で事故を起こしたような

場合ならともかく、ちょっとした手違いレベルの内容で慰謝料や損害賠償をよこせ、というのは常軌を逸しています。

　そんな相手にいちいち応じていては、それこそ役所が混雑して待たされたからお金を払え、とさえなりかねません。１度応じれば、そういうことを言った人だけが「ゴネ得」になるという不公平も生んでしまうので、絶対に応じてはいけません。

　相手が粘って、本来の不手際事案とは別の話まで持ち出されて難癖をつけられ、相当な時間を要した上に、事態が収拾できないままになってしまった最悪の場合には、この一言を。

　「このまま主張を続けられても結論は変わりません。このまま要求をお続けになるということであれば、行政に対する不当要求行為として毅然として対応させていただきます」

第4章

やっかいなクレーマーのこの一言にはこう返す！

悪質なクレーマーから放たれる言葉には、よくあるパターンがあります。本章ではそれらに対する切り返し方の例を紹介します。相手の要求をのむわけではない以上、こう言われたときにこう返せば絶対にうまくいく（相手が納得する）などという「魔法の答え」はありません。ですが、相手からの言葉の攻撃に対する基本的な受け方（防御手段）として、この切り返し方を個々の現場で応用してみてください。

① 「お前じゃ話にならん、市長を出せ」

◎「私共で対応させていただきます」と言い切ろう

　クレーマーの「社長を出せ」は、企業相手でも常套句ですが、よほどの中小企業ならともかく、組織のトップはいちいちクレーマーに対応できるほど暇ではありません。たとえ時間があっても、組織である以上、中間をすっ飛ばしたトップの対応はそもそも望ましいことではありません。役所も同様です。

　ではどう対処するかというと、「組織として対応しているので、ご希望にはお応えできません。上司には適切に報告し、判断を仰いでおり、引き続き私共で対応させていただきます」の一点張りで問題ありません。

　市長とは言わぬまでも、部長を出せ、局長を出せくらいの話はよくありますが、現場対応している職員や係長をサポートするために出てくる管理職はせいぜい課長までです。

　ただし断るときに「多忙で対応できない」「このような件では対応しない」はNG。軽んじているのかと逆上させかねないからです。

◎クレーム対応のサイクルを知ろう

　クレーム対応は、「対応実施（記録作成）→報告・共有→対応判断→対応実施」のサイクルが基本です。上司に報告し、エスカレーション（上位者による対応）が必要か、引き続き下位者が対応し続けるべきかは上司の判断です。上司の判断がそうである以上は、そのまま対応を続けるのがセオリーです。

現場の問題は現場で対応が鉄則

対応のポイント
- 自らの対応結果を上司に報告し、そのまま対応を続けよとの判断なら自分が対応し続ける
- 上司を出すとしてもせいぜい課長まで

第4章　やっかいなクレーマーのこの一言にはこう返す！……65

❷ 「このことは○○先生（議員） に言うからな」

◎実際に議員からお叱りがあるのか？

　これも常套句です。具体的に議員の名前を出し、「俺は○○議員と懇意にしている。言いつけてやる」くらいの剣幕で来られると、こちらもうろたえがちです。

　しかし冷静に考えてみてください。もちろん個別の事情はあるのでしょうが、こうやって議員の名前を持ち出された経験のある自治体職員に聞いてみると、実際にそれで喧嘩別れに終わったとしても、その後本当に議員から連絡があり、叱られるケースはほぼなかったと言います。なぜでしょうか。

- ①そんなコネもない（せいぜい面識がある程度で、有力な支援者として議員に陳情するレベルではない）のに威勢よく言ってしまっただけ
- ②議員はその人に泣きつかれたが、主張に分がないとわかっていて、役所へは事実確認程度（支持者へのポーズ）にとどめるだけに終わったため

◎議員も安易な要望には従わない

　様々な情報がインターネットで簡単に広まってしまう今の時代、一部の市民の理不尽な要求を議員がごり押ししたことが明らかとなれば、議員も無傷ではいられません。「議員に言うぞ」は恐るるに足りず（もちろん連絡に備えた準備は必要）、です。

　なお、本当に議員から凄まれることがあっても、当初の対応に、役所側の後ろめたさがない限り、毅然と対応するだけのことです。

議員の名前にひるむことは全くない

●○○先生の名前が出ても慌てない

●いざとなれば情報公開

対応のポイント
- こちらに後ろめたいことがなければ、後で議員から連絡があろうと恐れることはない
- 議員の威を借りるクレーマーに屈して不適切な対応をしてしまうと、結局後で自分たちが困る

❸ 「税金を払っているんだ、それくらい当然だろう」

◎「貴重なご意見の１つ」として拝聴する

　こういう主張には、「蛙の面に水」の精神で平然と対応しましょう。受け答えの例としては、「行政サービスの内容は、多くの納税者のみなさまからいただいた様々な意見を総合して決まっていくものですので、貴重なご意見の１つとして受けとめさせていただきます」などでしょう。

　端的に言えば「あなた１人の要望では仕組みは作れません」と拒否しているわけですが、それをごくごく遠回しに伝えるわけです。

◎心の声が相手に伝わらないように

　民間企業店舗でのクレーム対応で、普段から安い商品しか買わない（ほとんどお金を落とさない）客なのに、何かあると強烈なクレーマーになって困るという話を聞きます。行政でも似たような話はありえて、様々な文句や要求を言ってくる人に対し、対応者が内心では「そう言うあなたは、文句を言うほどウチに税金をたくさん払っているのか？」という気持ちを持ってしまうこともあるでしょう。

　本書としては、22ページで紹介した心のバランスという観点から、対応者がそういう気持ちを持つこと自体は否定するものではありません。もちろんそうした心理が相手に伝わらないようにくれぐれも気をつけさえすればですが。

④ 「この対応（録音、録画）をネットに晒してやる」

◎いざアップされたとして得も損もない

　そんなことをされても、相手の自己満足であることを除けば誰も得しないことは明らかですが、そういう説得が通じるとも思えません。ましてや犯罪や民事上の不法行為に当たる恐れがあると伝えて思いとどまらせようとしても、逆に火に油を注ぐだけでしょう。

　そもそもこのような発言が、本気でそうするつもりで出たものなのか、それとも実際にそこまでやる気はなく単にその場の勢いでなされただけなのかを見極めることは難しく、この手の発言をまともに受けて、まともに返そうとすること自体が無理です。そんな必要もありません。

◎動画映りの悪くない職員を演じよう

　まともに受けないでこちらから次にどう発言するかといえば「こちらとしては、これまでのとおり真摯にご説明、ご対応を続けさせていただいております」と誠実・丁寧な対応を続けましょう。万一、やり取りがネットにアップされても恥じることのない、そして同情を集めるような対応をしておくことです。

晒されたところでなんら不都合はないと心得る

対応のポイント
- ネットに晒すぞとすごまれたとき、晒さないでと説得することは困難
- 晒されても困らない対応を心がける

❺ 「税金泥棒、お前なんかクビだ」

◎「不快な感情」が言わせていると察する

　どこかの国の大統領かと思うようなセリフです。確かに日本国憲法第15条第1項には公務員の罷免権が書いてありますが、憲法や個別の法律に記載のない個々の公務員レベルに対する罷免権を認めたものではありません。ましてや、ある1人の独断によるなんて論外です。

　とはいえ、憲法上の根拠を承知の上でこの手の発言をする人はごく一部（しかもこの条文を知っている人は、これを根拠に現場の一職員をクビにできないこともだいたいご存知）で、実際は「ネットに晒す」と同じく、その場の不快な感情に基づき「クビだ！」という発言が飛び出しているわけなので、まともに受けようがないのです。

◎ご意見・ご指摘を真摯に受けとめる態度を示そう

　ここでの返し方としては、「お前はクビだ！」と言いたくなるほどに怒らせてしまったことを真摯に受けとめ、再発防止（改善）に努めます、というのがセオリーです。もちろんその全部を伝えると逆上を誘う恐れがあるので、「ご意見・ご指摘を真摯に受けとめてまいります」を最小限とし、後はその場の判断で付け加えるのがよいでしょう。

　なお、職員や係長クラスの職員が「クビだ」などとなじられ、「お前じゃ話にならないから上司を出せ」と言われ話が袋小路に入ってしまった場合は管理職対応へ移行することになります。

相手の怒りの感情に寄り添う余裕を持つ

対応のポイント
- 振り上げた拳の行き場を求めて出てくる言葉だと割り切る
- 相手の怒りを受けとめる

❻ 「お前の誠意を見せろ」

◎「誠意とは何ですか」と聞いてはいけない

　よく言われるとおり、クレーマーが自ら具体的に金品や便宜を要求すると恐喝や脅迫になりかねないので、何ができるかを相手方がこちらに委ねてくるのが「誠意を見せろ」というフレーズの意図です。

　なので、いきなり「誠意って何でしょうか？」と返すことは避けましょう。逆上されたり、「そっちが考える誠意を見せろ」となりやすいからです。

◎誠意をもった謝罪あるのみ

　44ページで書いたとおり、このクレームをきっかけに、なんらかの対応を行うことがありえるなら、その対応を説明するのが誠意の見せ方です。

　しかし、クレームについて何も対応できることはない（ゼロ回答）のならば、「誠意をもって、この謝罪（ご説明）をさせていただいております」と言うしかありません。相手はおそらく「自分が求めているものはそうじゃない。他には何かないのか」などと言うことでしょう。しかし当方としてはとにかく謝罪や説明を繰り返します。

　時間と手間はかかりますが、あえてこのような対応をして、相手にしびれを切らせることが、「急がば回れ」の解決法になることもあります。

誠意を具体的に説明する必要はない

対応の
ポイント

- 誠意という名の便宜供与を相手方は待っている
- それをわかった上でとぼけ続けるしかない

「ここですぐに詫び状を書け」

◎謝罪文は公式文書で出すものと心得る

　詫び状は非を認めたことになり、後で悪用されかねないから書いてはならない、というのがクレーム対応のセオリーです。

　しかし、行政組織も人間の集まりですから、いつでも無謬な（絶対に間違えない）わけではありません。手続きに過誤などがあって公式に文書で謝罪しているケースはいくらでもあります。

　もっとも、そういうケースは、組織として複数の目で、ある程度時間をかけて事実の確認・検証を行って、謝罪が必要と判断した結果、出されたものです。

　つまり、強烈なクレーマーに気圧されて、事態を丸く収めるためにその場の危なっかしい判断で書いてしまうのがダメなのです。

◎ほんとうに困ったときの対応

　とはいえ、相手がどうしても引かない場合はどうすればいいでしょうか。クレームを受ければ、その事案について対応者がメモを残し、組織として上司に報告していくはずです。相手の主張を含む事実関係、対応の是非などについて役所の公式見解はその文書に残るため、相手方には、詫び状は出せないが内部報告書を見てほしいと伝えるのです（情報公開請求してもらうか役所から自発的に提供）。

　むろん、この手の内部報告書は、後日に外部へ開示することが前提となっているかに関わらず、当初から情報公開請求に堪えうるものとして作らなければならないものです。

⑧ 「こんな制度はおかしい」

◎「ご意見（要望）の１つとして」受けとめる

　今ここで、ある意見・要望をもらっても、当然それは一市民の意見でしかありません。もしかすると別の機会に、それと全く正反対の意見・要望をもらうこともあるかもしれません。したがって、行政機関がある一意見だけを踏まえて「今後はこうします」と簡単に答えるわけにはいかないのはある意味当然のことです。

　ただ、ストレートにそう答えると角が立つのも事実です。そこで、「さまざまな立場の方がいらっしゃいますので、たとえば（あなたの意見とは逆の）××がいい、など、さまざまなご意見もいただいています。あなたの意見（要望）もその１つとして受けとめさせていただき、それらを総合的に判断して、今後どうするか検討していきます」と回答しましょう。

◎現状の経緯を懇切丁寧に説明しよう

　なお、一見、強硬な主張をしてくる人のなかにも、現状の制度がなぜそのようになっているのかを単に知らないために文句を言っているだけという場合もあるので、差し支えない範囲で、今までの経緯や理由をきちんと説明すると、ある程度は納得してくれる場合もあります。

多様な意見によって現在の制度も作られている

- どんなに声の大きい相手でも一意見にすぎない。一人ひとりの意見を積み重ねながら総合的に判断していくしかない
- 無駄だと思わず、なぜこのような制度になっているかの経緯や理由を説明してみるとわかってもらえる場合もある

対応のポイント

第4章　やっかいなクレーマーのこの一言にはこう返す！……79

⑨ 「公務員（役人）なのに
そんなことも知らないのか」

◎逃げずに向き合う

　行政職員として、知識不足をなじられることは本当につらいです。でも、だからこそ、そう言われたときの基本の一言は「不勉強で申し訳ございません」です。もちろんこちらも人間ですから、「それは私の所掌事務の範囲外です」「異動したてです」「仕事が忙しくて勉強する時間がないので」「ベテラン職員でも知らないそんなマニアックなことを聞かれてもわからない」「そんな細かいことまですべて暗記してるわけないよ」など、言い分はそれなりにあるでしょう。しかし、それらを言ったところで相手は納得してくれないどころか、こちらの評価を下げるだけです。

◎ご説明いただきありがとうございます、と伝える

　上記のように、下手に自分を守ろうとせず率直に謝れる人は強いですが、さらに「勉強になりました、ありがとうございます」くらいまで言うと、相手によっては少々拍子抜けされることもあります。「どうだ教えてやったぞ」ということで相手の気分が少しよくなり、その状況をうまく利用して事態の収拾につなげられることもあります（42ページの場合など）。

　一方で、故意であるかは別として相手の話が誤りである可能性もあるので、相手から「制度は○○になっているから、××の処理が正しい。そういうことでよろしく」というようなことを言われたときに、唯々諾々と「承知しました。そのとおりに処理しておきます」などと言質を与えてしまわないよう注意が必要です。

知らない自分を認めることが事態を収拾させる

鬼の首を取ったかのように説教されているときでも
相手の言い分が必ずしも正しいとは限らない点には注意が必要。
また不勉強であったとしても、それこそ
その職員がそれを理由に懲戒処分を受けるようなことは
現実的には想定しにくい

- 知らなかったことに対して言い訳はしない
- 謝罪と感謝で下手に出たほうがうまくいく場合もある

⑩ 「（お金がかかる）●●をすぐに実現しろ」

◎財政を悪者にして伝えるのはNG

　市民から、施設の老朽化や、他地域に比べて貧弱な補助制度などに文句を言われたりしたとき、こちらも心の中では、「そんなこと、自分も思っているさ。予算要求をしているがつかない（あるいは、予算要求すらさせてくれない）んだよ。わかってないのは財政だ」って思っているでしょう。

　もっとも、市民に対してそれをありのまま、財政を悪者にして役所に内紛があるかのように伝えるのがNGなのは常識ですね。

◎ときには共感を示す気持ちを伝える

　とはいえ、たとえ実現性の低い要求であっても要求する側の気持ち自体は十分に理解できるものである（＝理不尽とは言えない）場合、現場の職員である私たちも目の前の人たちと同じ目線で考えているということは相手に伝えておきたいです。すると、こんな答え方になるのではないでしょうか。

　「私たちも〇〇は××になってほしいと思っています。ただ、社会の高齢化や人口減、地域経済の低迷などで市の財政が厳しくなっていることはご存知かと思います。それゆえ市のお金も潤沢にあるわけではないので、何をやるにも優先順位をつけられて予算が配分される時代になっています。私たちとしては、〇〇が××になるよう最大限の努力を続けてまいる所存ですが、希望どおりに対応が進まないこともありますので、ご理解をお願いします」

相手の気持ちを理解していることを伝える

●予算要求の現実(限られた財源の奪い合い)

●同じ目線であることを伝える

対応の ポイント

- 外部に対して、財政を悪者にする「内紛」を見せてはいけない
- ときには、要求者の気持ちには共感する姿勢を見せる

第4章　やっかいなクレーマーのこの一言にはこう返す！……83

⓫ 自治体内の地域格差で文句を言われたら

◎全ての施設の場所を公平にするのは無理

　そもそも公共施設をどこにどう配置できるかは、地域的な公平性やニーズへの対応という面のほか、用地を確保できるかにも大きく左右され、自治体内でバランスよく配置されるとは限りません。

　ただ、こういうクレームを入れてくる相手にそういう説明をしてもわかってもらえる可能性は少ないでしょう。

◎ひたすら「ご意見として受けとめる」

　正直なところ、こうしたクレーマーの不満の最も現実的な解決策は、「自分の現住所の近くにご希望の施設ができることを期待するよりも、今ある施設に近い場所へ引っ越すこと」です。

　実際、「病院通いを楽にするために引っ越した」という話があるように、どうしても必要なことなら、本人が諸事情に折り合いをつけて引っ越しを決断するはずです。

　そうしないで、自分の都合を中心に文句を言ってくる人の言い分にはそもそも無理があり、「この地区の人から○○に関する要望が１件出ている」ということを記録する統計上の意味以上に行政が受けとめるべきことはほとんどないでしょう。

　したがって、「ご意見として受けとめさせていただきます」をひたすら続けながらしばらくの間は丁寧に聞き、そのうち話が繰り返しになり始めたころで見切りをつけて対応の終結を目指す、という方法しかないでしょう。

一件一件に行政が対応できる内容ではないと割り切る

【同じ自治体内の格差】

我が家

図書館もスポーツ施設も
市の東部に偏っている
西部にも作れ！

そんなに通いたいなら近くに住んだら
いいでしょう…
施設が林立して便利なところには
駅近であるとかそれなりの理由があるわけで、
一意見としては受けとめるけど、そのとおり
実現するのは無理だよ…

対応のポイント
- 基本的には必要なら本人が引っ越せばよい話
- １つの意見として受けとめる

第4章　やっかいなクレーマーのこの一言にはこう返す！……85

⑫ 「隣の○○市は××なのになぜ この市は△△なんだ」

◎「隣の芝は青く見える」はクレームにも当てはまる

　近隣自治体のサービスや施設の充実ぶりと比較して、地元の落差についてさんざん文句を言われた上、近隣自治体と同じような対応を要求してくるクレーマーもたまにいます。

　これに対しては、「その件は、国が全国統一基準を決めているわけではないので、それぞれのサービス水準（施設設置）は各自治体の判断で行っており、本市も、市としての判断で現状の水準でご提供しています。ご意見については、ご要望として受けとめさせていただきます」と答えるのが関の山ですが、こんなクレームを入れてくる人はそんなことで納得するわけがありません。

　だからといって、「（あなたを含めた）市民のみなさまにご満足いただけるサービスを目指してがんばります」と空手形を切ることは避けるべきです。しつこいクレーマーの場合、「あれはどうなった」と追跡調査をされる口実を与えかねないためです。

◎困ったときの言い回しはこれだ

　ではどうすればいいのでしょうか。まともに考えれば、そもそも近隣自治体のサービスがうらやましいなら、国民には居住移転の自由が認められていますから、自分が納得のいくサービスの受けられる自治体に転居してそのサービスを享受すればいいだけです。現住地域の行政の窓口に対して、単なる要望を超えた文句を言い、過剰な便宜まで要求してくるのは筋違いもいいところです。

　したがって、対応する職員の本音としては、そんな市民にはむしろ「どうぞ転居なさってはいかがですか」ぐらいは言いたくなります。ただ立場上、基本的に市の人口は減らしたくないという事情がある上、「気に入らないなら出ていけ」とも受け取られかねないことは言えません。
　そんなときの言い回しは、下記を組み合わせたものになります。
• 現代は、どの自治体も人々に選ばれるまちを目指して努力し個性

を発揮していて（特徴を出していて）、このまちも同様である
- 自治体によって前提条件や考えが異なるため個別の制度やサービス水準で違いが出る
- 各個人・各世帯のお考えやライフステージによって、暮らしのニーズはさまざまであり、全ての方に満足・納得してもらうことは難しく、不満を持つ住民がいることは理解・承知している
- 私共としては、さまざまな側面を通した全体的・総合的なバランスのなかでこのまちが選ばれるよう努めている。ご意見については、ご要望として受けとめる

　この流れで相手が激高し、「○○市が気に入らなければ出ていけというのか」と言われてもまともに受けとめることなく、上記を繰り返すのみです。

第5章

職員を守る！
チームで立ち向かう
技術と方法

悪質なクレーマーは、ときとして役所の平常業務や
職員の心身にダメージを与える破壊力を持っていま
す。相手は1人だとしても、こちらは1人で立ち向
かわず組織で立ち向かっていかなければいけない
ことも多いです。
この章では、そのための方法を考えていきます。

「クレーマーには複数人対応が原則」は正しいか

◎複数人対応の原則に例外はないのか

　激しい主張をぶつけてくるクレーマーなどが直に来庁した場合、メモ取りや緊急時に助けを呼べるよう、複数人対応することが原則と言われます。しかし、各自仕事を抱えているなかで突然やってきた来庁者への対応に毎回2人がかりになってしまうのは、業務効率面ではかなりの痛手です。

　それこそ、そもそも人手不足だったり、同席を頼むべき上司・部下が不在だったりして1人で対応せざるをえないことも少なくないのですから、クレーマーには2人以上でないと絶対に対応してはいけない、と固く考える必要はありません。

◎1人で対応するときの鉄則

　1人対応の場合はそれなりの守るべきルールはあります。

　まず、対応者は必ず、それなりに経験豊富なスタッフであることです。それこそ、相手の主訴に対応すべき担当ラインのスタッフがその場に若手1人しかいない場合は、さすがにその1人だけに任せてはならず、別のラインのスタッフがフォローに入るか、若手1人の代わりに、苦情対応の経験豊富な老練なスタッフが「主担当がいないので代わりにお話を伺う」というパターンもありえます。

　また、1人対応の場合は個室に入らず、他人の目の届く打ち合わせスペースで行うか、やむをえず個室に入る場合でもドアは閉めず密室にしないことです。

複数人対応できないときの1人対応

●複数人対応がベスト

↓

●条件が整えば1人でもありえる

対応の ポイント

- ●経験豊富なスタッフなら、やむをえず1人対応することもあってよい
- ●1人対応の場合、周囲の目が届くように注意する

❷ クレーム対象事象の張本人を 長く前面に立たせない

◎怒られ役は連携で対応

役所の日々の業務のなかでは、現に窓口対応を行っている過程でなんらかの不手際がありクレームになってしまうことがあります。その場合、まずは原因となる事実（事務の不手際など）を引き起こした本人1人が苦情に対応する流れになるのが自然ですが、激しく、長引くようなときは適当なタイミングで上司などが対応（怒られ役）を引き継いだほうがよいでしょう。

◎事態収拾を1人で図るのは難しい

その理由は、①直接クレームの原因を作り出した職員には相手からの攻撃がヒートアップしやすく事態の収拾が遅れる場合があること、②苦情を受ける側としても、負い目のある原因者以外のほうが一歩引いた立場で冷静に受け答えでき、謝らなくていいことまで過剰に謝らざるを得ない事態を避けられること、③本人をストレスから守るという観点から効果的と考えられるためです。

ただし、対応者の交替に際してクレームが発生した経緯の引き継ぎ方を誤ると、怒っている相手方に事情を一から説明し直させるはめになり、怒りが倍増することもあるので注意が必要です。

怒られ役を立てることが職員を救う

●職員はストレスフルな状態

何かをやらかした本人に対応させると心理的ダメージ大

●怒られ役が登場

あとは私がやっておくからさ…

正直、助かった…

対応のポイント
- クレームが長く続くようなら、クレームの原因者は対応から離れてもらうべき
- 相手からの追及を少しは弱め、こちらのペースにもちこみやすくなる場合もある

❸ SOSの暗号を決めておく

◎応援要請が必要なケースはさまざま

　クレーマーへ職員1人で対応しているかどうかに関わらず、周囲にいる他の職員がいざというときに応援（対応の引き継ぎ）に入るべきケースは当然あります。ただ、周囲の職員もやり取りをずっとつぶさに見聞きしているわけではないので、難しいのは介入の要否・タイミングの見極めです。

　介入すべき例を挙げると、①長話に持ち込まれてしまい、対応中の職員自ら相手方に「出張（外部の来客）の予定があるのでそろそろよろしいですか」と切り出すことが難しい場合や、②会話の内容（言葉遣い）や手持ちの道具（刃物）などから対応者の身に危険が及ぶと感じられた場合などがありますが、特に後者の場合、本人以外は気が付きにくいです。

◎本人のＳＯＳ伝達方法を共有しておく

　そこで、病院の緊急放送（「コードブルー」は聞いたことがある人も多いでしょう）のような関係者向けの意思伝達手段として、クレーマー対応中の職員がいつでもSOSを出せるように庁内あるいは部署内で符丁（暗号）を決めておいてもよいのではないでしょうか。

まさかのときの「SOS」は職場の全員で共有

●SOSが出た！

●すかさず反応！

対応の ポイント
- ●応援に入るタイミングの見極めは難しい
- ●助けを求める暗号を決めておく

第5章　職員を守る！　チームで立ち向かう技術と方法……95

他部署の案件でも必ずしもその部署に回すべきではない

◎「たらい回し」と思わせてはいけない

　クレーマーが来庁(または電話)し、さまざまな主張をしてきたとき、その内容が別の部署に関するものだったとします。普通に考えれば、「それはこの部署の話ではないので、○○に行って(または電話を回すので)そこで話してください」と対応するのがセオリーです。

　しかし、状況によっては他部署に回さない(＝ワンストップで処理する)ほうがいい場合もあります。他部署に回すということは、来庁(電話)してきた相手にも、回された部署側にも手間をかけることになるからです。相手が、いわゆる「たらい回し」と感じれば、怒りも倍増して処理が大変になることもあるわけで、無駄に延焼を拡大させないことも、役所としての「チーム戦」であると言えます。

◎他部署に回さずこの場で聞く

　他部署に回さないほうがよいのはどんな場合でしょうか。

　よくある例としては、過去に、別の部署(施設)で行われた対応・経過への不満などをぶつけてこられたケースです。その部署・施設とはすでにやり取りした上でこの場に来庁または電話してきていると思われるので、その部署に再度回しても意味がないのです。

　こうした場合、他部署には回さずこの部署でいったん聞き置き、「担当部署に確認します、ご意見はきっちり伝えます」と答えるのがよいでしょう。

他部署に回すと怒りが倍増することもありえる

●他部署に回す

クレームを厳格にいちいち担当部署に回していくことは正しいとは限らない

●状況によってはワンストップ対応

他部署の話が出てもまとめてブロックする意味があるケースも有る

対応の
ポイント

- 他部署の話が出てきてもいちいち転送せずに自部署で聞き置いたほうがクレーマーのためにもなる場合がある

第5章 職員を守る！ チームで立ち向かう技術と方法……97

❺ 所管決めでもめている案件がきたとき

◎所管がわからない問題は日々発生する

　あるテーマについて、自分の役所内で主たる所管部署が決まっていないとき（いわゆる消極的権限争いの最中）に、それに関する来庁者や苦情電話を受けてしまった場合、自部署でこのまま受け切るのか、より関連の深そうな別の部署に対応を押しつけるべきか迷うこともあるでしょう。

　わかりやすい例で言うと、法令にはっきりと規定のないごみ屋敷事案などが持ち込まれた場合が該当しそうです。

◎庁内会議で対応する手立てを考えよう

　この手のケースでは、来庁者（電話相手）をよりふさわしい部署につなごうとしたものの、引き取ってもらえないことも少なく、その押し問答で時間を浪費すればするほど「たらい回し」感も強く出ます。また、相手の主張にいちいち取り合って、A部署→B部署→C部署とたらい回しにし、それぞれが同じ案件に時間を割いていたら、相手も役所も労力の無駄です。

　そこでむしろ、少なくとも1回はある部署が対応を最後まで受け切り、その際に聴き取った相手の主張を整理してメモにまとめ、当該案件の関係部署を後日集めて情報共有や対策を検討する庁内会議を行うのが王道でしょう。

庁内会議を設けてたらい回し（＝怒り倍増）を防ぐ

対応のポイント
- 他部署に引き継ごうとしてもめると、クレーマーから見た印象はすこぶる悪い
- 消極的権限争いをするようなテーマは庁内会議を開いて調整を図る

❻ 理不尽なクレーマーの愚痴を 言うことも大事

◎単なる応対だけで終わらせるのはもったいない

　クレーム対応が電話の場合、職員が相手からどんな酷いことを言われているかは周囲にはなんとなくしかわかりません。長電話が終わって本人はグッタリ、周囲からは「お疲れ様」の一言、ということがしばしば起きますが、それだけで終わってよいものでしょうか。

　クレームの内容は個人情報ではないのか、という議論もあるでしょうが、やり取りの内容を必要な範囲でメモに残し、後日、こんな理不尽なクレームがあったと職場で共有することが重要です。

　その目的は、まず第一に、接遇向上の実現です。手を変え品を変え役所に不満をぶつけてくる「名物」クレーマーもいますので、どういう対応だとうまくいったのか、だめだったのか、事例研究を行いノウハウを積み上げることは意味があります。

◎貴重な経験だからこそ研修で共有

　自分の職場での情報共有だけでなく、部署の垣根を越えた接遇向上研修などの場にて、こんなひどいクレーマーがいるんですよと、経験を口頭で説明することがあってよいでしょう。理不尽なクレームに対応する職員は、自己の経験を抱え込むべきではなく、公式の場できちんと吐き出して、その苦労を周囲と共有するとともに、カタルシスを得ることがストレスマネジメントの観点からも重要です。

　もちろん、その手の愚痴は、間違っても居酒屋の酒の肴にしてはいけません。誰が聞いているかわかりませんので。

個人の愚痴が職場の共有財産になる

第5章 職員を守る！ チームで立ち向かう技術と方法……101

7 どんな小さいクレームでもメモで共有

◎クレームの質・量は部署ごとでさまざま

　同じ役所でも部署によって、寄せられるクレームや要望などは質・量ともに大きく異なります。制度や施設を所管する部署ならばその手の電話や来庁は日常茶飯事ということもあり、1〜2分で終わってしまうちょっとした抗議電話ならいちいちメモを残さないことも少なくないでしょう。

◎組織として共有することが報いになる

　ちりも積もれば……ではないですが、細かいクレームや要望の積み上げが大きな声となって制度改正などにつながることもあります。パソコンの共有フォルダのエクセルファイルへの書き込みでもよいです。「こんな理不尽な主張があった」という応対記録を残すことも、組織として「大変だったね」という労いの意味だけでなく業務の定量的な実績把握や評価の材料にもつながっていくので、ぜひやるようにしましょう。

クレームの積み重ねが貴重な資料にもなる

● 習慣づけ

日時	相手のお名前	内　　容	備考
0/00	□□ □□	…………………	
0/00	○○ ○○	…………………	
0/00	△△ △△△	…………………	
0/00	×× ××	…………………	

● 話す・聞くことで共有

対応の ポイント

- 小さなクレームでも記録を積み上げておくことは何かと意味がある
- エクセルファイルにメモを残す程度でもよい

第5章　職員を守る！　チームで立ち向かう技術と方法……103

⑧ 複数部署への連続・並行攻撃には、同じ態度で接すべし

◎対応方針も部署を越えて共有

　行政に不満をぶつけてくる人のなかには、あれもこれもと細かいことを次々と複数の部署へ連続的にクレームを入れてくる人がいます。

　このような場合、①正当な主張とそれに付随するもの（謝罪や改善対応）と、②対応はしないが一意見として承るもの、③過剰要求として拒否すべきもの、それぞれの範囲を部署間で共有し、対応方針を調整しておかないといけません。

◎情報共有は最大の防御手段

　なぜなら、この線引きにズレが存在すると、「他の部署では●●の要求が通った（便宜供与が受けられた）のに、こっちでは受けられないのはおかしい」と別部署でも強硬に主張されるなど、ある部署での対応をきっかけにクレーマーが切り崩しを図ってきて、結果的に弱い（主張に押されやすい）部署のみが、次々とエスカレートする要求を呑まされたりするためです。

　先方に深い意図があるかどうかはともかく、敵を攻めるときに弱点を狙うのは孫子の兵法でも言われていることです。弱い場所だけが割を食うことのないように、理不尽な攻撃は足並みをそろえて回避することを忘れないようにしましょう。

複数部署が連携してクレーマーの1点突破を防ぐ

A部署

B部署

C部署

対応のポイント
- 1人のクレーマーが複数の部署と対峙している場合、対応方針を役所内ですりあわせておかないと弱い所が切り崩される

9 クレーマーの事情を調べて 対処策を考える

◎クレーマーの動機を探り、共有する

　悪質なクレーマーといっても百人百様です。そしてクレームをつけてくる特有の事情がある場合もあります。たとえば、①過去に役所となんらかのトラブルを抱え、根に持って役所に嫌がらせをしに来る（ことあるごとに因縁をつけてくる）ようになったケース、②なんらかの障害をお持ちでコミュニケーション能力の支障があるケースなどです。

　もちろん、クレーム行為の原因は１つに絞られるわけではなく複合的であることが多いのですが、ある程度でも主要な動機や原因を探り出すことができれば、対処がしやすくなる場合もあります。

　ただ、それを実現するためには、あのクレーマーは誰で、どういう人なのか、過去に何があったのか、今は何に怒っているのかなどの情報を関係部署で共有・総動員する庁内連携が必須となります。

◎クレーム対応が政策課題の解決につながることもある

　こうした取組みを行うことで、当初はモンスタークレーマーにどう対処していくのか、という切り口で考えられていた事案が、実は「不当なクレームに屈する／屈しない」という話ではなく、「地域に溜まった課題への対応」や「福祉的なアプローチで問題に対処していく」といった側面での解決につながっていくことが往々にしてあるのです。

クレーマーはどのような人物なのかをあぶり出す

警察の○○事件捜査本部ではないが
関係者が集まって情報を
繋ぎ合わせることがときには必要

対応のポイント
- どうしてクレーマーになったのかを探り出していくと行動特性や対応策が見えてくる
- 関係者や関係部署で情報共有し連携することが不可欠

⑩ 客観性を生かした情報共有の考え方

◎日々進化するコールセンターによる対応

　最近では、市民向け総合電話受付（コールセンター、コンタクトセンター）を設けている自治体が多くなっています。そのため、相手がモンスタークレーマーであるかどうかは別にして、問い合わせや苦情などが各所管部署の窓口ではなく、まずコールセンターに入り、その1次対応で処理しきれない場合、2次対応として所管課に転送されていくルートが一定の比率を占めています。

　ちなみに、ある自治体では、最初にコールセンターで受けた電話は、コールセンターから所管部署に転送された後も録音され続けているそうです。民間コールセンターに電話したときに最初に自動応答のなかで通告される「電話応対品質向上のための録音」が実際に自治体でも行われているわけです。

◎音声記録は客観性を担保する

　もちろんこの録音は、取り立てて問題が起きない限り再生されることはなく一定期間保存された後、自動的に消去されていくことになっています。しかしその間にひとたびクレーム事案となれば、過去の経過把握や部署間での情報共有に絶大な力を発揮します。

　そんなことをして、個人情報保護との関係で大丈夫なのかという反応を示す関係者も少なくないかもしれません。しかしよく考えてみてください。そもそも切実な市民からの意見・要望と理不尽なクレームの間の線引きは紙一重とも言え、見極めは簡単ではありませ

ん。そのような事情があるなか、個々の職員の対応が適切だったのかを検証しつつ、今後相手方とどう渡り合っていくか（対応を打ち切ることも含む）の方針を決めるには、担当した職員の主観的な記憶・記録に頼るだけでは不十分で、客観的な音声記録もあるに越したことはありません。

　つまり、①クレーマーによる不当な要求行為及び迷惑行為の排除・被害の最小化、②行政経営資源の効率的な運用（クレーマーに

付き合わされて時間と労力を無駄にしないこと）、③適正な市民対応の確保（クレーマー排除を意識しすぎて市民からの意見・要望のくみ上げが抑制されすぎないようにすることなど）、といった正当な目的を掲げ、必要に応じて庁内に一定のルールを設けることによって、市民対応の可視化と必要な情報共有は進めることができるはずです。

　現時点で、まだこのような取組みを行っていない自治体では、市民との対話を行う広聴部局が中心となって、ぜひ取り組むべきことではないでしょうか。

あとがきにかえて
──役所への営業電話（業務妨害）の事例から考える

　役所にお勤めの方なら、法人としての役所に対してではなく、職員個人への営業電話を受けた経験が１度や２度はあるのではないでしょうか。職員名簿が外部に出回っているせいなのか、名指しで電話を取り次がれたら売り込みだったというケースもあります。

　その一例としてよく聞くのが、ワンルームマンションを購入し賃貸に出せば節税と老後の収入確保につながるので、もしよければ夜に直接会って説明させてほしいというものです。

　そんな、明らかに役所の業務に関係ない投資勧誘の電話であれば、遠慮せずに「興味がないし、業務にも関係ないので切らせてもらいます」と宣言して切って構わないのですが、公務員たるもの、相手の了承を得なければ電話を切ってはならないという考えが邪魔をするのか、相手の話をとりあえず聞いてしまい、話し続ける相手から簡単に切らせてもらえず長電話になってしまうという人がいます。

◎長電話を避けることは相手にとってもメリットである

　しかしよく考えてみてください。ご想像はつくと思いますが、営業電話の世界では断られるのが当たり前。なのでこの世界では、まず相手に切らせないよう話をつなぐことが大事で、長く話していればチャンスは開けるからとにかく粘れ、ということが営業員の間ではコツとして指導されているのです。

　それゆえ、長電話を続ければ続けるほど、相手方は脈ありと期待

を持ち、こちらからするとそれこそ切らせてもらえなくなる（断りにくくなる）一方となります。

　とすれば、長く話したところで売り込みに応じるつもりがないというこちらの結論に変わりがない以上、いたずらに時間を費やすより１秒でも早く切って次の電話先にアタックさせてあげるほうが、どう考えても電話をかけてくる相手に対して親切ですし、税金から給料をもらっている行政職員の効率的な業務時間管理という面からも望ましいのです。

　とはいえ、職場の日常でこういった電話がかかってきたとしても、それが業務外の電話であるかどうかは、相手が具体的な話を始めるまではこちらにはわかりません。当然こちらは、業務の問い合わせの電話であろうと考えて最初は丁寧な受け答えから入ります。しかししばらく話していくうちに投資勧誘の電話とわかった瞬間、通常の「丁寧対応モード」から「毅然とした対応モード」に切り替え、さっさと終話に持ち込めばいいわけです。

　相手が切るのに応じなければ、相手が話し続けている途中であってもこちらが一方的に受話器を置くこと（いわゆるガチャ切り）もＯＫとなります。

　そういう対応をすると「応対がなっとらん」と抗議が来るのでは？と心配する人もいるかもしれませんが、営業電話に関してはまず来ません。そんな時間があったら次のターゲットに電話しますから。

◎毅然と対応することが事態を好転させる

　さて、ここまでなぜこんな話を書き連ねてきたのかというと、勘のよい方ならおわかりでしょうか。通常の（丁寧な）対応モードと、毅然とした対応モードの使い分け・切り替えは、モンスタークレーマー対応にも通じる部分があるからです。

モンスタークレーマーも、必ずしも来庁（受電）の最初からそうであるとは限らず、ある程度の時間続くやり取りの途中で態度が変化することが少なくありません。営業電話の場合は、その電話目的がわかり、こちらが興味なしと断って以後、先方があきらめず話し続けることは「業務妨害」そのものなわけで、モード切替はせいぜい１分以内に行われるでしょう。

　一方、モンスタークレーマーの場合、それが10分後なのか、はたまた30分後に起きるのかはわかりませんが、潮目が変わるタイミングつまりモード切替を発動しなければならないきっかけ・基準はある程度はっきりしています。それは、今までできる限り丁重に対応してきたが、これ以上コミュニケーションを取り続けても、もはややり取りが平行線になっているとか、相手が同じ主張を繰り返して堂々巡りになるだけ、といった状況になることです。

　その場合、さすがにいきなり電話のガチャ切りをしてしまうのははまずいとしても、応対を完結させるべく毅然と、かつ積極的に立ち回るモードチェンジを行うことは許されるでしょう。

　良かれと思って不用意に長い時間、相手の主張に付き合い続けてしまうのは、営業電話と同じで、相手側に「この人は話を聞いてくれる」「このまま話し続けていればもしかしてなんとかなるのではないか」との期待を持たせてしまうだけです。

　しかもそれは思わぬ悪影響を生み出す可能性があります。そこまで引っ張った上で相手が望む結論が出ないと、それがきっかけで相手に爆発（暴力行為など）のスイッチが入ってしまう遠因になることがあるからです。

　したがって、言葉を選びながら、相手にとって時間の損失であることを伝え（「無駄」は相手を刺激するので避ける）、対応の打ち切りについてしっかり伝える必要があるのです。

あとがきにかえて……113

本書は『SOS！　公務員のためのやっかいなクレーム対応』(2019年) に一部修正・加筆し、新装版として出版したものです。

新装版
SOS！　公務員のためのやっかいなクレーム対応

2019 年 10 月 25 日　　初版発行
2024 年 11 月 5 日　　新装版　初版発行

著　者　　**自治体クレーム対応研究会**
発行者　　**佐久間重嘉**
発行所　　**学 陽 書 房**

〒102-0072　東京都千代田区飯田橋1-9-3
営業部／電話　03-3261-1111　FAX 03-5211-3300
編集部／電話　03-3261-1112　FAX 03-5211-3301
https://www.gakuyo.co.jp/

装幀／佐藤　博
イラスト／いとうみつる
DTP 制作・印刷／東光整版印刷　　製本／東京美術紙工

©自治体クレーム対応研究会 2024, Printed in Japan　ISBN 978-4-313-15157-4 C0034
乱丁・落丁本は、送料小社負担にてお取り替えいたします。
JCOPY〈出版者著作権管理機構 委託出版物〉
本書の無断複製は著作権法上での例外を除き禁じられています。複製される場合は、そのつど事前に出版者
著作権管理機構（電話03-5244-5088、FAX03-5244-5089、e-mail: info@jcopy.or.jp）の許諾を得てください。

◎好評既刊◎

マンガでわかる！
地方議会のリアル

野村 憲一［著］　伊藤 隆志［作画］
定価2,420円（10％税込）

地方議会とは何か、どのように運営され、どんなやりとりが行われているのかがマンガでわかる！　答弁調整から政務活動費まで、議会のしくみ・運営の実際をリアルに描いた一冊！

２時間でまるごとわかる！
管理職のための自治体財政

谷池 公治［著］
定価2,530円（10％税込）

管理職に必須な自治体財政の知識・ノウハウを、とにかくわかりやすく解説します！　忙しいあなたも、２時間で全体像がつかめる一冊！

図解よくわかる
地方自治のしくみ　第６次改訂版

今井 照［著］
定価2,420円（10％税込）

自治体職員が最初に手にする地方自治の図解入門として、読み継がれてきたロングセラー。最新の法改正や制度に対応してアップデートした改訂版！